AF450253

LLUEVE

Título original: **LLUEVE**
Primera edición, agosto 2021

©2021, Tania Anaid Ramos González
©2021, Ediciones Kuelap SAC
Jr. Gral. José de San Martín 651,
Dpto. B, Magdalena del Mar, Lima, Perú.
    WhatsApp: +51948465343
    edicioneskuelap@gmail.com

Producción general: Susana Zabarburú Villacrez
Editor general: Elías Mondragón Herrera
Prólogo: Félix Córdova Iturregui
Diseño y diagramación: Ediciones Kuelap
Imagen, pintura al óleo: Mauricio Martín Rizo Centeno

ISBN: 978-612-48408-9-0
Hecho el depósito legal
en la Biblioteca Nacional del Perú N° 2021-09455

Tiraje: 250 ejemplares
Impresión: Ediciones Kuelap S.A.C
Jr. Gral. José de San Martín 651, Dpto. B,
Magdalena del Mar, Lima 15806

Impreso en Perú/*Printed in Peru*

TANIA ANAID RAMOS GONZÁLEZ
AZULA

LLUEVE

Ediciones KUELAP

CONTENIDO

PRÓLOGO

La brevedad de un título puede estar en relación inversa a las interrogaciones o sugerencias que activa en la lectora o el lector. Desde que aparece en la portada o puerta del libro comienza a desplegar su fuerza semántica. En este caso no nos enfrentamos a un sustantivo, sino a un verbo: Llueve. No es la lluvia lo que nos convoca; es la acción de llover. Pero lo hace en tiempo presente como si nos sugiriera la presencia misma del tiempo, su acumulación en el flujo de la recordación o el mar de la memoria.

El agua sugiere afinidades sorprendentes. Puede levantar metáforas de vieja prosapia: el universo como cuerpo o el cuerpo como universo. ¿No decía Epicuro que el mundo es un cuerpo complejo que abraza el cielo, los astros y la tierra y todo cuanto aparece? La lluvia va y viene del cielo a la tierra. Cae continuamente porque continuamente regresa. El cuerpo humano también tiene su lluvia, su caer, un agua que igualmente carga sus imágenes: la lágrima. Lluvia y lágrima son hilos de agua que permiten elaborar vínculos muy delicados. No es posible el flujo de la lluvia sin las gotas, ese «azul perlado» que se derrumba por el aire. En la lluvia se conjuga lo discreto, la gota en su plural, con lo continuo, el cuerpo de agua en su caída del cielo a la tierra. No se puede olvidar, sin embargo, lo que sugiere el título. No es la lluvia lo que entrega el perfil de la imagen. Es su caer, el movimiento, lo que se ve y no se ve.¿No hay un parentesco entre ese caer del agua y el caer del tiempo filtrado por el cielo de la memoria?

Diminuta e indivisible sustancia
de la lluvia
con qué arrojo te deslizas,
azul perlado,
en la pupila dócil de los recuerdos.

El caer de la lluvia, la presencia de su viaje vertical de cielo a tierra como hilatura blanda que aspira atar el espacio, sugiere otro viaje originado en el sentimiento del misterio de los vínculos. Un viaje con la urgencia de un vehículo capaz de indagar en la oscuridad de orígenes lejanos y moverse hacia la luz necesaria de los límites del entendimiento. Ese vehículo oscuro y luminoso es la metáfora.

Viene desde la oscuridad,
comida de luces...
la metáfora.

Giambattista Vico afirmó que la metáfora era el tropo más luminoso. Pero su urgencia se origina en el misterio. Por ello su luz emana del viaje que la constituye: el movimiento desde su oscuro origen hacia la luminosidad urgente. Viene de allí "comida de luces". En la medida en que los vínculos que establece su poder analógico arroja luz sobre lo oscuro, ella es comida por la luz o brinda comida luminosa al que logra habitar en ella. La metáfora activa todo el poemario.

La escritura, más que escritura se entrega como acción que no agota su presencia —escribo—, de la misma forma que la lluvia se entrega en su acción como presencia: llueve. El texto pronuncia el eje metafórico principal: escribo como llueve. Se ha elaborado una semejanza de naturalidad en la escritura al ser emparentada con la lluvia. Pero hay un punto ciego en la semejanza, una inevitable oscuridad. El dínamo de la escritura es la experiencia personal. La lluvia de la escritura, por seguir el rumbo de la metáfora, tiene como sus gotas «los diminutos instantes del amor».

Esos instantes diminutos que forman el cuerpo de agua en su caer, ponen al descubierto la más profunda afectividad personal. Cuando se oye el verbo "llueve", la acción en su presencia no revela un sujeto. A menos que formulemos el enunciado como si el universo llueve o el cielo llueve. La metáfora siempre recurre en nuestro auxilio. Pero al decir "escribo" la presencia del acto nos remite a un sujeto. La analogía de la escritura con la lluvia nos remite, pues, a un vínculo entre lo personal y lo impersonal. El amor, a su vez, es la fuerza de impulsión del acto de escribir. El amor se transforma en su viaje, en su caer del cielo figurado a la tierra. En él reside la fuerza principal de la metáfora. Su viaje exuda otras metáforas.

Tal vez la metáfora principal del amor es hacerse un cuerpo semejante a sí mismo. Lo logra construyendo la noción de la escritura como cuerpo. Si escribo como llueve, nos dicen los poemas, porque la escritura me permite habitar un cuerpo con su dinámica similar al universo, con su espacio de flujo para la caída de la lluvia desde el cielo hacia la tierra. Estos dos cuerpos se entrelazan en la metáfora compleja y extendida del poemario.

> *Esta es mi casa nublada,*
>
> *en donde no se pueden,*
>
> *en donde no se deben censurar las palabras;*
>
> *aquí tímidamente la belleza cobra sentido*
>
> *del otro lado de la mirada.*

El amor, como se sabe, tiene su cielo, como el agua, y también su caer al fondo de la tierra, como el agua. El amor tiene su subsuelo, su infierno subterráneo, su cueva de dolor. Lluvia y lágrima quedan de esta forma vinculadas. Por eso, la escritura puede afirmarse en el dolor: «y un aguacero/encumbra los cristales rotos de mi mar». El amor conoce lo alto, su cielo, como la fuerza de la ilusión. La transformación de esa fuerza en el signo de su pérdida es lo que permite establecer el vínculo con la lluvia. Lágrima y lluvia fluyen como si respondieran a un parentesco inevitable. Y ese parentesco florece en el acto de escribir vinculado al misterio.

> *Debo volver al enigma*
>
> *para poblar el pecho de imágenes,*
>
> *para robarle palabras a la inocencia,*
>
> *para atravesar los abismos de la lluvia*
>
> *y rescatar la locura de algún poema*

El dolor, con su metáfora "lluvia-lágrima", no tiene que significar la pérdida del amor. Podría ser su rescate, la fertilización de su posibilidad. Así como la lluvia fertiliza la tierra con su caer, el dolor se transforma en escritura y florece otra manifestación amplia del amor. La escritura exige una desnudez para entrar en una nueva vestimenta.

Mar de mi mar, aquí estoy,

vestida de ti, desnuda de mí,

debajo de tu cielo.

Si el amor no puede desasirse de la metáfora del viaje, si es un camino, no es posible recorrerlo con intensidad sin dejar huellas visibles. En su extensión metafórica, mediante el vínculo con el universo —cielo-lluvia-tierra—, construye su propio mundo de palabras, otro cuerpo donde el dolor le puede dar perdurabilidad al amor, su propio universo.

Y el amanecer, te lo aseguro,
ya no depende del sol,
sino de diminutas raíces
que renacen
a orillas del corazón
y que marcan el camino
de regreso a la ilusión.

En el camino del amor puede atardecer, nos dicen estos poemas, pero cuando el amor construye su cuerpo escriturario, su universo de palabras no censuradas, vive en un espacio de libertad que narra una experiencia colmada. El ser viaja allí en contradictoria plenitud.

Suspendida, vestida de aire,

con un diluvio en la boca,

llena de ausencias, silente,

desbordada, amorosa.

Lágrima y lluvia forman un tejido indisoluble en este poemario. Y como la poesía encuentra una fuerza nutricia en el dolor, transformándolo, fertilizando el nuevo cuerpo poético, se establece un vínculo creativo entre el agua y la poesía. La metáfora, nos dijo Vico, es una pequeña fábula. El amor, con sus contrapuntos, le da fuerza de extensión a esa fábula, que viaja hacia nosotras y nosotros, "comida de luces", para invitarnos a una aventura propia de la poesía: transformarnos. No debe haber miedo en el abordaje de este viaje por las palabras:

Solo advierto que, si atraviesas este mar

verás cómo mis ojos acunan peces detrás de las estrellas.

Félix Córdova Iturregui
Puerto Rico, julio 2021

LLUEVE

¿En qué idioma cae la lluvia sobre ciudades dolorosas?
PABLO NERUDA

La lluvia tiene un vago secreto de ternura.
FEDERICO GARCÍA LORCA

El cielo es como un inmenso
corazón que se abre, amargo.
No llueve: es un sangrar lento
y largo.
GABRIELA MISTRAL

La lluvia está cansada de llover.
MARIO BENEDETTI

Esta tarde llueve, como nunca.
CÉSAR VALLEJO

Afuera llueve; cae pesadamente el agua.
ALFONSINA STORNI

¡Llueve, llora dulcemente!
JUAN RAMÓN JIMÉNEZ

La lluvia es un antojo de la nostalgia
cuando hace frío en la mirada.

AZULA

DE DÓNDE

De dónde…
esta atracción por el silencio y la lluvia,
por el estallido mutilante de la quietud,
por las palabras que murmuran latitudes
y descifran latidos en medio de la sombra.
¿Acaso el océano conspira a ser voz en el labio del agua?
¿Acaso la oscuridad del silencio
es palabra en el verso de la lluvia?
No importa que la metáfora se repita
en su infinita hambre de ser algún día luz.
No importa que se echen a rodar en el tiempo
las palabras no leídas.
Mientras allá afuera se museifican
individuos y poderes;
acá solo hay silencio y lluvia en mi poesía…
sin saber si a alguien le importa,
sin saber si alguien entiende…
sé que en este aquí, se me va la vida.

ESTA ESCRITURA

Esta escritura
sigue el aliento de las estrellas,
el misterio de la lluvia,
el silencio de la luz...

VIENE DESDE LA OSCURIDAD

Viene desde la oscuridad,
comida de luces...
la metáfora.

SUSTANCIA DE LLUVIA

> *¿Por qué se llena de lluvia la mirada*
> *cuando la viste el silencio?*
>
> **AZULA**

Diminuta e indivisible sustancia de la lluvia
con qué arrojo te deslizas,
azul perlado,
en la pupila dócil de los recuerdos.

AQUÍ LLUEVE

Aquí llueve…
y mi pecho es un parterre de amapolas
inundado de sol;
quisiera no repetir metáforas, me digo inclemente,
desde los asideros vanguardistas anclados
ultraístamente en la memoria.

MI ESCRITURA LLUEVE

> *Las largas eles de la lluvia lenta*
> *caen sobre las páginas.*
>
> **PABLO NERUDA**

Mi escritura llueve
arguyendo
entre los diminutos instantes del amor,
su húmedo perfil de soledad.

LOS DÍAS

Los días son una fuga sempiterna
de momentos adheridos a la sombra
y pruritos anegados por la luz.

ESTA ES MI CASA NUBLADA

Esta es mi casa nublada,
en donde no se pueden,
en donde no se deben censurar las palabras;
aquí tímidamente la belleza cobra sentido
del otro lado de la mirada.
Este es el centro de mi incertidumbre,
el estático proscenio de una melodía cansada,
congelada en los márgenes de un día dormido,
taciturna, temerosa, atrapada.

HUBO UNA NOCHE

A Loli

Hubo una noche
en que la oscuridad se alojó en mi vientre
y fue la tristeza morada de azules
en mi adusta soledad…
y mi voz, un frugal hilo acordonado que desaparecía.

Hubo una noche
en la que no resguardé mi alegría
y la lluvia se quedó a dormir en mi pecho
despidiendo luces de madrugada,
húmedas luces de girasol.

Hubo, sí, una noche
en la que el cuerpo fue ficción de un tejido,
atonalidad de un tiempo que moría
y desde una breve, pero intensa tempestad
llegó ella, tierna y colosal
que con su abrazo se imponía.

CUANDO LA OSCURIDAD

A Moi

Cuando la oscuridad
se apodere de tu aliento
y el miedo intente regresar
con su innombrable rostro
amenazando tu pecho con lluvia;
enciende tu farolillo de los sueños
y desborda el vacío con tu amor.

CUANDO TE DIGO AZUL

Esta lluvia que ciega los cristales.

JORGE LUIS BORGES

Cuando te digo azul,
veo la llovizna detrás de la sombra
esquivando la mirada.

Si te digo azul,
se «aúpa» la tristeza en la esquina
silenciada.

Cuando digo azul,
el aire golpea la lluvia
y un aguacero
encumbra los cristales rotos de mi mar.

HAY FRONTERAS

Hay fronteras
que marcan miradas,
miradas de viento tiritando,
fronteras
que encierran pétalos de acero en el cuerpo
y juegan a ser canvas sin óleo,
fraguando colores que impugnan su edad;
fronteras que a veces son soliloquios
entreverados de lluvia y noche,
de lluvia y rocío,
de estirpe y vacío en la soledad.
Hay fronteras
que se llenan inciertamente de besos
en un oscuro paraje preñado de tiempo
que son sombras y silencio,
lágrimas y tempestad.

HAY PASOS

Hay pasos que son sombras...
sombras y fugaces tumultos
atados a un vacío...
historias temblorosas
que se disuelven poco a poco
de la garganta a los tobillos.

AQUÍ

Porque de tierra y lluvia estamos hechos.

PABLO NERUDA

Aquí...
con los pies mojados y fríos,
aunando luz, a veces trigos,
para el próximo amanecer.

A VECES

A veces
cuando me tiendo frente al atardecer,
cada palabra
es un tropel de soledades
y cada silencio,
un país desolado y vacío
en la rugosa franja de los tiempos.

A veces
cuando me tiendo frente al atardecer,
cada palabra

LLUEVE IMPETUOSAMENTE

Llueve impetuosamente
y la certeza de lo bueno se moja
y el suelo de mi garganta
y el prefijo que pronuncio
atado a la locura de una tempestad...
y me inunda la penumbra de un suspiro perdido
y de una querencia consumida por la lluvia.

ENTONCES

Entonces, ¿la lluvia es un tramo en la estación del rocío?
y el agua… ¿qué es el agua?
hacia dónde transita su presagiada locura
en medio de los cuerpos.

CONTRACCIÓN DEL SILENCIO

Contracción del silencio,
mientras el aire se expande en la sombra
y la llena de frío.

CONTRACCIÓN DEL SILENCIO

Contracción del silencio,

DEBO VOLVER AL ENIGMA

Debo volver al enigma
para poblar el pecho de imágenes,
para robarle palabras a la inocencia,
para atravesar los abismos de la lluvia
y rescatar de la locura algún poema.

ESA VOZ

Como un silencio postrado en el camino
arrojado y maltrecho
en el alero desgastado del dolor
o como un zigzag
en la rendija de las cosas queridas
golpeado contra el viento
así el frío inescrutable de esa voz.

Como un salto al abismo solitario,
como un silogismo abreviado,
o como los silencios mal leídos...
«en el núcleo capital» de mi existencia
llueve.

LA LOCURA

La locura
tiene forma de palabras
y su cuerpo,
y su cuerpo es la escritura.

ÉRASE UNA VEZ

Érase una vez un fauno
con la luna en la cabeza,
lleno de agujeros viejos
y de libros sin estrellas.
Su palabra fue caricia,
su mirada, un poema…
y su cuerpo vibración,
tramo halado y anatema.

Érase una ninfa airosa
con la luna en la cabeza,
sin lunares en el pecho,
con estrellas medio muertas.
Su palabra fue hilo ardiente
que entre las sombras se enhebra
y con la lluvia cosía
versos de sol y quimeras.

¿DÓNDE ESTÁS?

¿Dónde estás, dónde?
En el espacio liminar que cobija la sombra
o en el olvido que a término sacrifica el juicio.

¿Dónde estás, dónde?
En el espacio liminar que cobija la sombra

o en el olvido que a término sacrifica el juicio.

DIME QUE YA NO

Ya no será
Ya no.

IDEA VILARIÑO

Dime que ya no...
que ya no te mueve esta lluvia, mi lluvia,
que ya no sientes ni cómo me destrozo
cada noche el porvenir,
la raíz avanzada de mi locura,
el trozo de espanto colgado
y colgando en mis pupilas.
Dime... y no lo ocultes
si en cada bocanada de viento tuyo
ya no hay más, ya no habrá más lluvia mía.
Dime que no te hacen falta las palabras,
al menos el tanteo de ellas o
el de la duda con su oscuro amanecer.
Dímelo.

LAS COSAS

Las cosas se quedan adheridas al tiempo
y también adheridas al silencio,
como intangibles soles grises y permanentes,
como piedras mirándose en secreto.
La misma sombra militante, los mismos huesos...
y las calles y los rincones... siguen quietos
sin el aliento de antes, sin aliento.
Se avecina un duelo, un duelo de lluvia
junto al amanecer más certero
y la umbría escarcha se desliza
por el doblez desecho del pecho.
La ropa, las paredes, las puertas, el suelo
la ciudad, los libros, las ventanas, el miedo...
Las cosas siguen intactas, quietas,
adheridas sin sospecharse elemento,
ocupando todo mientras transitamos:
espacio, dolor, caricias, misterio.

¿POR QUÉ?

Mi lluvia es esta, la descalza.

MARIO BENEDETTI

¿Por qué se me viene de golpe
toda la culpa del mundo en el pecho?,
si es sabido que en mi pecho no cabe
tanta historia ni dolor.
¿Por qué se adentra,
torrente de lluvia helada,
en el núcleo de mi esperanza
y se me acumula enredada entre el llanto
la penumbra y la decepción?
Soy sombra... sombra pluvial,
umbría voz de mi especie
que va cercando lágrimas luminosas
en el párpado río del vacío.
¿Por qué se me viene de golpe
la humana incertidumbre en el pecho dormido?,
si una no puede con tanta tristeza errante,
no hay bocanada de amor

que soporte tanto frío.

PLEGARIA

Por Siria...

¡Oh, sombra humana!,
cuántas veces agrietarás el suelo,
cuánta maldad acunará tu sombra
derramada en el labio triste del tiempo.
Anudada de espanto bajo su piel
la noche
ve cómo la guerra y el hambre
deshojan la vida
con esquirlas de horror
por su ciudad milenaria.

Me divorcio de ti
¡oh, humana sombra detenida!,
que engendras la muerte y la soledad,
que silencias con misiles las voces inocentes;
¿acaso no sabes que ya somos lluvia en nuestro transitar?

¡Oh, anestesiada y gris sombra!,
que le robas zumos al corazón,
aliada del silencio cómplice
y de la impunidad,
testigo de una herida incurable,
mustia flor de un ciclo eterno,
devuélvele a Siria su dignidad.

LAS NOCHES

Las noches
son conductos de lluvia
por donde pasa la luz
y transita la poesía...
por eso atrapo versos,
busco su origen
y espero que se manifiesten
algún día en mi ventana.

EL CAMINO DE LA FLOR

El incierto camino de la flor:
ocupar la mirada del otro,
derramarse en el párpado de la lluvia,
pintar de sol los pétalos que la cobijan,
desterrar su belleza inasible a los hombres
y a veces... solo a veces
regresar en el tallo de otra flor.

ME SUMERJO

Me sumerjo
y el instante se quiebra
en su bamboleo intangible;
me adentro al océano
ese que retiene
                los nombres
cuando la memoria
                los deshace.
Me hundo hacia un sol oscuramente
dividido,
aquí
abajo...
donde se fugan los sonidos
y me pierdo como diminuta sustancia
que busca su lugar en la especie.

ENTONCES LA LLUVIA

Entonces los minutos se vaciaron
para llenarse de lluvia y silencio…
y el corazón, aprendiz de reloj,
anudó con sus arterias el pasado,
movió su manija de sol abocada al mar
y midió su aliento con las estrellas.

SOBREVIVO

Sobrevivo...
en medio de una alegría agrietada
y de una pausa...
atravesada...
en la avenida obtusa de mi pecho,
geológicamente vencida
y humanamente abstraída
por el miedo.

SOLA

Sola...

almacenando arrullos

para zurcir mi imperceptible voz

porque mi pecho es hoy

habitación para la lluvia.

SIGUE LLOVIENDO

Sigue lloviendo
en mi noche oscura
y mis pies son duendes
por donde me escapo del silencio a mí.

SIGUE LLOVIENDO

Sigue lloviendo
en mi noche oscura

ENTONCES LA LLUVIA

Entonces la lluvia…
¿es un puñado de palabras
desprendiéndose del cielo
con el que se alimenta mi rostro
mientras el cuerpo transita?

INCÓLUME

Incólume
cerca de las ruinas,
distante de mí,
balanceándome
entre la letanía y el sosiego,
sacudiendo la lluvia del cielo
y el agua de mi orilla:
trasplantándome.

INCÓLUME

Incólume
cerca de las ruinas,

MI OJO

Mi ojo tiembla de olvidos
cuando evoca la memoria
y es lluvia delirante
de todo lo vivido.

Mi ojo es puente de recuerdos
y sembrador de navíos
que porta en su esfera de mar
todo, todo lo querido.

CÓMO EXPLICARTE

Cómo explicarte
que la ternura no conoce la prisa
porque es extracto del amor.
Cómo decirte
que, si llegas a ver tu luz,
la oscuridad será efímera.
Cómo te convenzo
de que entregarse
es el encuentro con la lluvia
y no la desesperación del viento.

ESTE CAMINO TIBIO

Este camino tibio,
húmedamente tibio,
por donde pasa la lengua
y moja la realidad más próxima,
y exige en la mirada del otro
la entrega, el asombro,
y la pluralidad sonora de la existencia,
este camino, perfectamente femenino,
que palpita en el labio del tiempo,
sin duda, es la poesía.

NO QUIERO

No quiero ser paraje de contemplación fugaz
en donde posas la mirada y recreas los sentidos,
ni tránsito sublime de un efímero manjar,
que va quebrando el cuerpo y alimentando un capricho.
Ni cántaro, ni ánfora, ni territorio feudal
de un viejo espacio en el tiempo desamparado y baldío,
ni delirio articulado de una palabra dormida
que entre unos viejos estantes
queda atrapada en un libro.
No quiero y no, para qué… ser luna rota en silencio
o reliquia visitada de un monasterio perdido;
no quiero, no, para qué... oscura noche olvidada,
por donde suele pasar el alma por las moradas;
mejor torrente de lluvia que repique en el océano
o rayo ardiente entre sombras que palpita en la madrugada,
pues no soy presa del lobo que susurra en su coartada
para asfixiar implacable con arrogancia feroz,
ni mis oídos lugar do depositas la rabia,
ni voy pidiendo, entre bocas, limosnas al corazón.

¿CÓMO LIDIAR?

¿Cómo lidiar con la mitad de una sombra
que ejerce su derecho inalienable a ser luz?

¿Cómo lidiar con la mitad de una sombra
que ejerce su derecho inalienable a ser luz?

DE PRONTO

De pronto
fui una silueta gris
bañada de rocío
huyendo,
desbandada y sin aliento,
gris y temblorosa.

De pronto fui
imán gris al viento,
vacía de mar,
preñada de cielo,
diligente en mi partida,
fugaz y temblorosa.

Fueron tiempos de lluvia,
de ausencias y ciclones,
de curvas en el pecho
y tensos nubarrones.

De pronto...
la sombra enjugó su llanto,
su sílaba rota...
y sobre una nube gris
fui semilla que brota.

TODAS LAS NOCHES

Todas las noches te espero
en el mismo lugar...
en el de las palabras y los sonidos,
en el de los sentidos...
de cara al mismo abismo,
como el mito de un poeta frente al mar.
Todas las noches
dejo que se me arrime
al huerto inacabado de mi corazón
la misma tristeza...
y la ventana azul gris de mis versos se deshace,
y no estás, no has estado...
y me nacen diminutos pétalos de sal en los ojos
y se me escapan sin querer
las palabras, los sonidos...
todas las noches
en el mismo lugar.

DEBAJO DE MI OJO

Debajo de mi ojo hay un puente
y dentro un abismo ilusionado,
un imán sin freno, un enigma
sediento de lluvia, desbocado.

Y es que la mirada viaja absorta,
como las palabras en el tiempo,
que sin prisa vagan solas,
aunque nadie perciba su vuelo.

Y es que los ojos son una bahía
tendidos de noche en el firmamento,
una gran costa, un litoral,
un puerto con buques negros.

DETRÁS DE ESTA CIUDAD

Detrás de esta amurallada ciudad
plagada de historias y colores ajenos,
de ruidos, desaciertos y soledades
habita un rostro tibio, silencioso
e intervenido por el amor.

MAYO

Mayo tiene un persistente olor a lluvia...
su quebranto convive paralelamente
en mi memoria...
mi memoria que es un dulce paraje
incoloro y herido
por donde pasa ocasionalmente la alegría.

COMO EL GOLPE DE LA ESPECIE

> *Una gota de lluvia*
> *temblaba en la enredadera.*
>
> **JOSÉ EMILIO PACHECO**

Como el golpe de la especie
derramado entre las sombras,
tus ojos se llenan de lluvia
y circundan los lunares de la noche.
Como un trastazo invisible
en la memoria que llueve,
tus ojos de silencio,
derramados en la sombra,
sobreviven azulamente
a los golpes de la historia.

MÍRAME

Mírame, estoy serena...
tornasolando los trocitos de amor
que le quedan a la noche...
detrás del velo quintaesenciado del amanecer,
a un instante de presenciar
el vaporoso resonar de mis querencias,
decretando prístinos caudales en el pecho
solo por el milagro de existir.

HOMENAJE AL SILENCIO

Cuánto espacio vacío de piel,
cuánta luz disfrazada de tiempo,
cuánta soledad en las palabras detenidas,
cuánta oscuridad en este vientre azul.

Se asoma tu penumbra en la pluralidad de la noche
y se desprenden del recuerdo
diminutas hojas de sal
preñadas de amor.

"He dejado intacto tu paisaje"
como paradigma de un tiempo mejor,
como una promesa céltica devorada por los días
atrapada inciertamente en tu mirada de sol.

Cuánto espacio vacío de sentido,
cuánta distancia entre tu vuelo y mi voz,
cuánta tristeza atravesada y plagada de suspiros,
cuánto susurro irrepetible en el cuerpo
a la deriva de este silencio feroz.

LLUEVE EN EL VIAJE PRIMITIVO

Llueve
en el viaje primitivo que encara la humanidad,
y el agua de todos los tiempos
transporta en los márgenes eólicos
nuestras pisadas,
¡oh, invisibles pergaminos teñidos de dolor!

Llueve
pluridimensionalmente
en el rostro sobrepoblado de la vida
y sigue siendo un milagro
caminar con los pies mojados
en el bendito zaguán del corazón.

MAR DE MI PIEL

Mar de mi piel
tan cercado por la lluvia
y por la arena de una imagen
que el tiempo detiene.

Mar de mi abrazo
extendido detrás del horizonte,
desnudo en su llegada,
adherido a la tierra que devora los sentidos.

Mar de los quejidos, murmurante,
preclaro en el suspiro del ayer,
avanzando lento con la boca
huérfana de sonido,
ya me tienes, lágrima azulada,
inmensa y desierta de todo lo que fue.

Mar de mi vida, me arropa tu silencio,
tu humedad vestida de lunas...
y tiendo mis manos para llenar la noche
y tiendo la noche para llenar mi vida
y dejo que seas guardián de mis heridas
y que seas ropaje de mi querer.

Mar de mi mar, aquí estoy,
vestida de ti, desnuda de mí,

debajo de tu cielo.

HUBO QUIEN ARMÓ

Hubo quien armó
un crepúsculo en tus brazos,
un ideario,
una conjugación alterna,
un fotograma encima de tu piel.
En cambio,
aquí solo hay una llovizna continua,
una ciudad apalabrada,
una espiral que no acaba
viajando al centro de ti.

UNA SE ACOSTUMBRA

Una se acostumbra a las despedidas,
a esos duelos itinerantes
que nos regresan insistentemente a la soledad.

Una se acostumbra, sí,
a esos callejones vacíos
cuyos resquicios evaporan la tibieza de volar.

Una se acostumbra a las despedidas
nubladas, silenciosas, desbocadas...
a vivir con los pétalos mojados
y a restaurar con el tiempo la mirada.

HAY HISTORIAS DE AMOR

Hay historias de amor secuestradas por la lluvia:
aguaceros irracionales, tibias cantigas
alojadas en el lagrimal de la soledad,
persistentes lunares de agua
atravesados por el tiempo...
pero no importa,
así son las historias de la lluvia,
tras la inevitable elegía del silencio,
solo nos queda poner a airear
los trocitos mojados del corazón.

SE DESVANECEN

Se desvanecen el mito,
el camino, el recuerdo…
Hubo un silencio atestado de soles,
de complicidades y secretos,
pero se desvanecen
en la sombra madre de la carne tibia,
en la piel trenzada de un vagar sin tiempo.
Hubo un furgón de pétalos encendidos
yo lo sé...
acarreando historias,
deshojando besos,
pero se desvanecen
húmedamente por mi espalda
y soy preámbulo del olvido
en alta mar desvaneciendo.

HAY NOCHES FRÍAS

Es cierto...
hay noches frías
con inviernos perlados
distantes del fuego...
noches marinadas de azul
con bocas grises
y garzos temblorosos
hurgando en el silencio.

A VECES EL SILENCIO

A veces el silencio
es una puerta oscura
por donde vuela tibia y sigilosa el alma...
un hilo gris detrás de la pupila,
un fuego callado y ausente, sin palabras;
un árbol, una noche, un diluvio ensimismado,
un pájaro cantando solo... de madrugada.
A veces el silencio
es una puerta rota,
una fisura en el verbo,
un salto, una mirada,
un fragmento de todo lo que tengo,
un atisbo de nada en la alborada.

ALIADAS DE LA LLUVIA

Aliadas de la lluvia las estrellas
vuelcan sobre el firmamento su amor
van rumiando contra el viento su quimera
como lunares antiguos frente al sol.

Aliadas del silencio todas ellas
vagan taciturnas por encima de la flor,
acordonan la tierra con su raíz de cielo
y besan el aire como la luz al farol.

Soplo de luna llena que atraviesas el alma,
caricia fugaz de mar anclada en la pasión,
¿cuándo te volviste semilla plural de la noche?,
¿cuándo tibia lluvia?, ¿cuándo girasol?

AHÍ VA DE NUEVO

Ahí va de nuevo el silencio
a detener los minutos,
a despedir lloviznas enlodadas de tiempo
y a preparar su maleta.
Guarda en ella su nihilismo,
lo cubre de nostalgia
con fragmentos de su piel;
destila, afónico, su última sílaba
y justo al borde de la noche,
desaparece.

LA PUERTA

En la puerta de mi boca
he hallado una cicatriz,
una templanza rota,
un labio incauto y febril.

Es una puerta doliente
a la deriva del mar
mitad armazón sin suerte,
mitad madera sin labrar...

...sobre el quicio, una marca;
por las fauces, un pesar
que la lluvia ha desgastado
con su insistente pasar.

Es una puerta agrietada
sin llavín y a medio armar
silenciosa y anegada
de tristeza y soledad.

UNA POR UNA

Una por una
van desprendiéndose
y murmuran su agobiante tempestad...

De una en una...
en cada palabra,
en cada suspiro de cielo atrapado en el vacío
consumiendo el olor de la existencia...

Una
a
una
sin poder evitarlo,
con la lluvia a cuestas,
van desprendiéndose de mí.

Y AHORA

Y ahora...
a qué tramo osado de lluvia
agencio el legado de sol;
en qué ramal,
la sudorosa querencia;
desde qué esquina,

el perfil trenzado de mi amor.

OTRA VEZ

Otra vez
delegué al cuerpo
el recorrido del alma
y se hizo lluvia
en mi pecho
el amanecer
y sombra
y delirio
y frío penitente,
otra vez...

MAR DE LOS OJOS

Llueve sobre tus dos ojos.
MIGUEL HERNÁNDEZ

Se me escapó el mar de los ojos
y quedé a la deriva
juntando cuerpo y palabra,
lluvia y dolor.

TE ESPERÉ

Te esperé
a pesar de mi invierno
con los pies fríos y mojados
y herida de silencio.

Tu cuerpo era alimento de la noche
era oscuro amanecer...

Te esperé
entre azules y violetas
con la luna derramada
en mi cuerpo
lloviendo.

NO SÉ

No sé en qué mar te viste
para derramar sobre mí tanta belleza.
No sé qué hice para que embelesaras así las palabras
ante el quejido perenne de la sombra
que palpita en mi corazón...
No sé si un golpe de ternura desgarró tu frente
y encumbraste del océano caudales a una minuta.
No sé en dónde, en qué lugar de esta espiral
te atrapó la lumbre de un querer
que yace encerrado en la arena.
Solo advierto que, si atraviesas este mar,
verás cómo mis ojos acunan peces detrás de las estrellas.

EL AMOR

El amor ha dejado
su acordonado mar de tierra aquí,
y la lluvia es alimento de mis pupilas
para el silencio del corazón.

El amor ha dejado
su acordonado mar de tierra aquí

LA TARDE

La tarde derramaba
su aguacero de luz en mi ventana
y el amanecer, zurcidor de lo bello,
colábase con sus pupilas de sol
aquella mañana.

La tarde se derramaba
y su luz posábase en mi ventana;
y el amanecer
llegó vestido de azul
a encaramar el sol
en las pupilas que
tibiamente lo miraban.

ESTE ATARDECER

Este atardecer huele a humo sombra
a viento morado y gris,
a ropa tendida un día de lluvia,
a montaña mojada y tul,
a mesa de «Thuja» entreverada de tristeza
huele este atardecer,
y vacía su dolencia
en mi olfato sudoroso de crepúsculos.
Este atardecer huele a mi idea borrosa de ti,
al acantilado poético que me nace locamente
en la nariz,
esta tarde, este atardecer
de sombra y humo,
de lluvia y soledad,
de nube rota aquí.

INVENTARIO

Inventario:

Se quedan
el aire roto,
el sonido de alguna guitarra,
los lunares de la luna,
el lienzo acaramelado y vacío,
el suelo entreverado de angustia,
la dedicatoria fallida,
la cicatriz mal enhebrada en la pechera,
la palabra deshilachada en el estante de libros,
la lluvia vieja...
se quedan,
se quedaron
todos,
detrás del corazón.

VI

Vi como el tiempo se hacía vino
al paladar triste de tu galerna,
mojada y triste como la noche,
húmeda y triste como la tierra.

Vi como el tiempo se hacía gris,
cobalto y plomo entre tus venas,
allanando de lluvia tu mirada
poseyendo el zumo de tu tristeza.

Vi como el tiempo se hacía negro,
bruno y feroz en su condena
nocturno y breve como tus ojos
triste y lluvioso como tu pena.

LLOVIÓ

Llovió tanto…
que el mar se volvió memoria híbrida,
cuerpo gris diluido en el tiempo.

Llovió a raudales
y el infinito se filtró por el silencio
borrando las noches.

Llovió copiosamente
y el alma mojaba sus pies
por encima del sereno.

Llovió… sí,
como llueven las flores
después del último intento.

A UN MINUTO

A un minuto de la despedida…
con las palabras heladas y oscuras,
tiritando de emoción
ante la certeza inevitable del olvido.

A un segundo…
mientras el trigo del ayer se disipa
deshojando la breve historia
que atrapó sombras en el tiempo...
pariendo lunas detrás de la garganta
para ordenar la lluvia y el sol.

HAY INSTANCIAS

Hay instancias...
en que los caminos se bifurcan
y corremos el riesgo
de dirigirnos hacia un abismo;
pero la oscuridad es una hermosa pausa
que conduce a la luz,
y el dolor,
el dolor la sustancia con la que se tejen los ciclos.
Virutas azules se esparcen en el aire
arrullando el silencio con su amor
y las promesas cumplidas
son estrellas galopantes
que se adhieren incesantes,
como enigmas a una flor.
Y el amanecer, te lo aseguro,
ya no depende del sol,
sino de diminutas raíces
que renacen
a orillas del corazón
y que marcan el camino
de regreso a la ilusión.

YERBA EN EL OLVIDO

Ya no me crece yerba en el olvido.

MAX ROJAS

"Ya no me crece yerba en el olvido"
...Ni pájaros en la memoria...
Ya la sal no quema soledades
detrás de la pupila,
ni el viento pulula
junto al beso de la lluvia.
Ya la tierra no arrulla las hojas
nubladas de río,
ni el árbol encumbra en su copa el rocío.
Ya no crecen mariposas en mis ojos,
ni luciérnagas, ni rosales
ni "yerba en el olvido".

VIDA

¡Vida!
Haz de este aguacero
un camino de duendes sigilosos;
inunda con ferocidad
        el mar de mi pecho
y ayúdame a recordar
     que también soy agua
        por donde transitas.

MI CASA

Mi casa...
ese cuerpo vacío
de puertas sin tiempo,
ese dormitorio ajado
en las cercanías del pecho,
esa ventana herida
de versos y cielo callado,
de ruinas y algas gimiendo.

Mi casa...
celosía de una instancia,
de una ocurrencia sin verbos,
heurística de un diluvio
que fue bastión del silencio.

Mi casa...
mi solar azul,
esta osadía techada,
este camino umbroso...
mi morada, mi templo.

MIRÉ

Miré fijamente el vacío,
te vi pegado al silencio,
tu luz estaba mojada de lluvia,
y el gris amanecer
besaba el viento con su frío.
Miré nuevamente
y ya no estabas...
te habías ido del silencio,
sin rastro ni luz,
de ese lado del abismo.

TE BUSCO

Te busco detrás de mis palabras
con la insistencia desesperada
de quien busca la alegría,
pero mi memoria
es una avenida secuestrada por la lluvia
y el pensamiento,
una ciudad sin verbos.

Te busco dentro de mis palabras que ya son tuyas
para encontrar tu olor,
ese aroma de madreselva anegado de rocío,
pero tu voz no asoma su rostro de madrugada
en mi ventana herida.

Te busco, ¡oh, no sabes cómo te busco!
en mi danza silenciada,
en mi grafema perdido,
en mi infancia, en un suspiro...
¡Oh, no sabes cuánto te busco!

BLANCO Y NEGRO

Blanco y negro
como una mirada de lluvia tibia y feliz
brillando en el silencio,
como una página nueva,
amaneciendo,
trazando luces en el aire
volando, viviendo.

A VECES UNA PALABRA

A veces una palabra
puede deshojar el alma
y sentada de espalda al sol
empujar el aire
y llenarlo todo de frío.

A veces una palabra
es capaz de oscurecer los dobleces de la razón,
atravesar los latidos en sentido contrario,
convertir la lluvia en delirio
y nublar de pena el corazón.

A veces una palabra
destroza de un golpe
el tibio transitar de lo vivido
e invade, sin reparos y arrogante,
casi todos los sonidos.

A veces una sola palabra
tira del pecho, como un anzuelo,
y congela otras palabras
que venían a asomarse llenitas de luz...
con su bandera de amor.

MUCHO DE MAR

Hay mucho de mar
en la templanza de la sombra
y mucho de luz
en la vibración del silencio.
El cielo abre su boca
derramando sales,
devorando lentamente
su amanecer hambriento…
y el sol abre sus manos
distendiendo la alborada
teñido de lunas rojas
con su colorido verbo.
Hay mucho de templanza
en el mar del silencio
y mucho de luz y sombra
en la vibración de este cuerpo.

SE DESPRENDIÓ

Se desprendió de mí un pedazo,
la parte más sagrada de mi vida...
y se fue de golpe
mordiéndome los labios,
devorando del viento su melodía.

Y mi corazón filtró su suerte
deshilachada y oscura,
ausente y fría,
y ya yo era un árbol seco...
una raíz sin verbo que el silencio despedía,
y yo ya era una cavidad ausente
deshaciéndose en el tiempo que corría.

Se desprendió de mí lo más sagrado
sin dar tregua a lo que sentía,
se fue y el miedo fue su puerta,
se fue y con ella mi alegría.

HE LLORADO MARES

> *Llorar a chorros.*
> *Llorar la digestión.*
> *Llorar el sueño.*
>
> **OLIVERIO GIRONDO**

He llorado mares
y me han nacido peces en los ojos...
temblorosos, salados,
acordonados, impetuosos en su caída.

He llorado horizontal y verticalmente
y me he derramado,
asediada por el miedo,
como lloran los delfines.

He llorado ferozmente
y mis ventanas son piélagos
por donde no transita el sol.

Y si algún remanente de sombra
quedó desatendido,
y se piensa la vida
que no ha sido suficiente,
sé que en cada trozo
y en cada aguacero itinerante

he saldado todos sus caprichos.

LA AUSENCIA

Qué oscura es la ausencia...

y qué oscuridad enigmática
en el labio que sacrifica y almacena
palabras perdidas en el tiempo...

y qué gris la mirada que al llover
arresta soledades detrás de los párpados
buscando un trozo de alegría…

Qué oscura es la ausencia:
aquí, allá...
omnipresentemente oscura.

SE PUEDE ESCAPAR

Se puede escapar de la lluvia,
de la soledad, del silencio,
de la maldad, del vértigo,
de la solemnidad de la noche,
pero... ¿del amor...?, ¿del mar?,
¿puede una escapar del sol?,
¿del núcleo invertebrado de la existencia?
Sé que se puede escapar de la alegría
o de la puerta que otro cerró,
de los subtemas de la tristeza,
del presagio de los malos tiempos,
del ruido y de la sombra,
pero ¿de la historia?,
¿del hilo rojo con el que se teje la voz?
No se puede escapar del poema que muerde los labios...
ni del diámetro que una lágrima dejó.
¡Oh, viruta azul del alma!, ¿cómo escapo de mí, dime?,
¿cómo escapo de esta estancia rota en el corazón?

SE REGRESA

Se regresa del abismo...
con menos pétalos,
con menos fuerza;
pero se regresa
de esa ciudad terriblemente hueca
en donde los días, cual columpios,
balancean las tristezas...
con menos brío,
con el corazón acuartelado,
tiritando;
pero se regresa.

SUSPENDIDA

Suspendida imperfectamente
por el destello del olvido,
por la palabra detenida
y el vuelo de la mariposa…
Suspendida por un instante,
imaginando el infinito,
abriendo al mar los sentidos
entre la luz y la sombra.
Suspendida, vestida de aire,
con un diluvio en la boca,
llena de ausencias, silente,
desbordada, amorosa.

LAS METÁFORAS

Las metáforas son peligrosas.
MILAN KUNDERA

Mientras mi voz acorralada de lluvia
se fuga
y la oscuridad insomne
deja caer su frío;
este cuarto, anexo de tantas locuras,
se llena, se marina, se desborda
con olor a sepia en el olvido.
Aquí las palabras son vestigios de humo
y los sentidos, ruido, tormenta y más ruido,
y las sílabas, habitantes dilatando fragmentos vocálicos,
o quizás, océanos tristemente divididos.
Mientras mi voz lluviosamente acorralada,
fugada
sale a recorrer la noche, centinela de tantos vacíos,
peligrosas metáforas me nacen en el pecho
y lo demás, lo demás es levedad, rocío.

LLUVIA Y POESÍA

Airosa iluminas el surco
de una antigua metáfora...
la bamboleas, la agitas,
la sustituyes, la gozas;
seducida
ante la vibración de un verso,
tú, colosal marina,
doblada de silencios,
tersa y ondulada,
poblada de indulgencias,
quiebras la noche
lluvia y poesía mía.

AL IRME

Al irme,
me llevé
entre los dedos,
como amuleto,
al tiempo...
porque sabía
que él guardaría
cada segundo
diluido de mi amor.

SIGUEN AQUÍ

Siguen aquí las palabras mojadas,
escurriendo su miedo,
chorreando soledades,
tiritando entre la duda y la culpa,
sudando de rabia y olvido…
reescribiendo amaneceres
siguen aquí.

AYER

Ayer atardecía
en medio de mi noche oscura
y las palabras eran cielo mojado
y los sentidos eran sílaba fría
porque ayer,
por qué ayer,
porque ayer atardecía.

HOY

Hoy el viento posará su mirada hueca
en mi mañana
y secuestrará de mí el silencio;
el corazón se sentará a escuchar
la refractaria voz aduladora
que llena la cotidianidad de crepúsculos viejos;
el mar, o la noche, borrará, como siempre,
la huella del sol en la arena,
y pasadas las cinco de la tarde
platicaré con la lluvia,
y la tarde zurcirá el desdén de este día,
mientras las gaviotas
me enseñan a volar.

CUANDO EL CUERPO LLUEVE

A veces me lloro lágrimas atardeceres.
TITO FIGUEROA VALDÉS

Cuando el cuerpo llueve
y soy solo una minúscula gota de agua
de ese diluvio
y la angustia se acomoda en el pecho
archivando su soledad,
ordenando su tristeza de un lado a otro,
respiro… aún con la esperanza tímidamente oculta;
pero cuando la noche decide fugarse
prófuga o emigrante de mi cuerpo,
atardeciendo por mis pupilas
para buscar su sombra,
su estadía de soles interrumpida,
mientras el cuerpo llueve,
me quedo quieta… sollozando atardeceres
he implorando que escampe.

COMO SI FUERA UN RAYO

Este rayo ni cesa ni se agota.
MIGUEL HERNÁNDEZ

Como si fuera un rayo,
como el atisbo azul de una vibración en el pecho,
o el afluente de las células
que se escapan de una orilla a otra;
así viaja el amor cada madrugada por mi cuerpo.

PUDIMOS NO ENCONTRARNOS

Pudimos no encontrarnos en el tiempo.

PABLO NERUDA

"Pudimos no encontrarnos en el tiempo"
pero allí estaba mi caricia
aleteando detrás de la incertidumbre,
anidando sueños encima de las nubes.
Quise detener la inmensidad en una huella,
pero la vida,
¡oh, instante poblado de impermanencias!,
me atravesó la risa
y fui silencio.

NUESTROS NOMBRES

Sigilosos, lluviosos, cansados, perdidos…
por encima de todo lo querido
lleva el mar en su boca
nuestros nombres.

APOLOGÍA AL SILENCIO

Aquel oscuro verso
lleno de mini luces
y páginas moviendo metáforas
eras tú...
encaramado en la cintura de mi verbo,
dibujando a contratiempo
las vestiduras tibias de mi amor.

Aquella estrofa oscura
jadeando contra la rima,
aliterando sílabas
con el aliento del corazón,
eras tú
devolviéndole al alma
el misterio de su vocación.

Aquel oscuro poema
adentrándose en mi piel,
golpeando, como el mar
golpea la orilla, sin reparos,
despidiendo sus puentes,
reescribiendo su lluvia,
sin duda, eras tú
arropado de estrellas
pulsando labios entre nubes,
infinita e inagotablemente,
conteniendo tu voz.

LLUEVE

El tiempo desprendía su mirada de lluvia en mi camino
y mordía de la noche todas sus esquinas...
y el silencio fue raíz a la intemperie de mí
hurgando en la tibieza de las palabras dormidas...
y la lluvia fue templo rodeado de inocencia
en donde moran secuestradas del amor sus heridas.

Por eso, cuando llueve, corro a buscar tu luz,
tu luz que entre las flores ya es mi querencia encendida
y entre las cuerdas del sol es el preludio de un día
que va buscando sin prisa su tierna y única voz,
porque la luz disipa el llanto que despide la noche
y deshace el aliento de las sombras en mi vida,
porque la luz expande el verso y también lo acaricia
y lo puebla
y lo abraza
y lo duerme
y lo abriga.

Llueve... en el tenue parpadeo de aquella estrella,
en el lunar antiguo de un frágil beso,
en la promesa erguida sola como piedra en el desierto,
en la cascada de los sueños perdidos por la ausencia.

Llueve... hermosamente llueve de tu puente al mío
para limpiar el frío gemido del océano en el pecho,
para airear por unas horas la oscura sed del viento,
para ungir con pasión la inevitable sequía del cuerpo.

Llueve, llueve tanto...
y son pequeñas las pausas

y grises
y oscuras
y breves
lloviendo
yo viendo.

Este libro se terminó de imprimir en los talleres gráficos de la
editorial Ediciones Kuelap S.A.C.
Jr. Gral. José de San Martín 651, Dpto. B,
Magdalena del Mar, Lima, Perú,
en el mes de setiembre del 2021.